CUIDANDO DO JARDIM INTERIOR

Frei Elionaldo Ecione e Silva, O. DE M.

CUIDANDO DO JARDIM INTERIOR

As bem-aventuranças e o cuidado de si

Edições Loyola

Dados Internacionais de Catalogação na Publicação (CIP)
(Câmara Brasileira do Livro, SP, Brasil)

Silva, Elionaldo Ecione e
  Cuidando do jardim interior : as bem-aventuranças e o cuidado de si / Elionaldo Ecione e Silva. -- São Paulo : Edições Loyola (Aneas), 2025. -- (Sabedoria para o nosso tempo)

  Bibliografia.
  ISBN 978-65-5504-449-2

  1. Bem-aventuranças 2. Bem-aventuranças - Crítica, interpretação, etc. I. Título. II. Série.

25-265335   CDD-226.9306

Índices para catálogo sistemático:
1. Bem-aventuranças : Interpretação e crítica : Evangelhos   226.9306

Cibele Maria Dias - Bibliotecária - CRB-8/9427

Diretor geral: Eliomar Ribeiro, SJ
Editor: Gabriel Frade

Capa: Ronaldo Hideo Inoue
Diagramação: Maurelio Barbosa
Preparação: Mônica Glasser
Revisão: Tarsila Doná

Capa composta a partir da edição e montagem das imagens generativas de © Perfect PNG e © Anna.

No miolo, imagens generativas de © shirell e © Perfect PNG.

Todas as imagens, com exceção da fotografia do autor (arquivo pessoal), provenientes do Adobe Stock.

Rua 1822 n° 341, Ipiranga
04216-000 São Paulo, SP
T 55 11 3385 8500/8501, 2063 4275
editorial@loyola.com.br, **vendas@loyola.com.br**
loyola.com.br, @edicoesloyola

Todos os direitos reservados. Nenhuma parte desta obra pode ser reproduzida ou transmitida por qualquer forma e/ou quaisquer meios (eletrônico ou mecânico, incluindo fotocópia e gravação) ou arquivada em qualquer sistema ou banco de dados sem permissão escrita da Editora.

ISBN 978-65-5504-449-2

© EDIÇÕES LOYOLA, São Paulo, Brasil, 2025

110063

SUMÁRIO

APRESENTAÇÃO... 7

INTRODUÇÃO 11

1   PREPARAR A TERRA.. 17

2   O CULTIVO DAS BEM-AVENTURANÇAS.............. 23

3   "BEM-AVENTURADOS OS POBRES NO ESPÍRITO, POIS DELES É O REINO DOS CÉUS"..................... 27

4   "BEM-AVENTURADOS OS QUE CHORAM, POIS ELES SERÃO CONSOLADOS".............................. 33

5   "BEM-AVENTURADOS OS MANSOS, POIS ELES HERDARÃO A TERRA"... 39

6   "BEM-AVENTURADOS OS QUE TÊM FOME E SEDE DE JUSTIÇA, POIS ELES SERÃO SACIADOS" 45

7   "BEM-AVENTURADOS OS MISERICORDIOSOS, POIS ELES ALCANÇARÃO MISERICÓRDIA"........... 51

8 "BEM-AVENTURADOS OS PUROS DE CORAÇÃO, POIS ELES VERÃO A DEUS" 55

9 "BEM-AVENTURADOS OS QUE PROMOVEM A PAZ, POIS ELES SERÃO CHAMADOS FILHOS DE DEUS" 59

10 "BEM-AVENTURADOS OS PERSEGUIDOS POR CAUSA DA JUSTIÇA, POIS DELES É O REINO DOS CÉUS" 65

11 "BEM-AVENTURADOS SOIS VÓS, QUANDO VOS INJURIAREM E PERSEGUIREM E, MENTINDO, DISSEREM TODO MAL CONTRA VÓS POR CAUSA DE MIM. ALEGRAI-VOS E EXULTAI, PORQUE GRANDE É A VOSSA RECOMPENSA NOS CÉUS; POIS DESTE MODO PERSEGUIRAM OS PROFETAS QUE VOS PRECEDERAM" 71

12 UMA BEM-AVENTURANÇA QUE NASCE DO JARDIM 75

CONCLUSÃO 83

BIBLIOGRAFIA 87

APRESENTAÇÃO

*"És um jardim fechado, minha irmã, minha noiva,
um jardim fechado, uma fonte selada"*
(Ct 4,12).

A imagem do jardim é usada por muitas culturas como uma metáfora para indicar valores que vão muito além da fruição da beleza, da estética ou do prazer. Deixando de lado a rica gama de significados inerentes ao jardim, no que diz respeito às culturas ligadas ao mundo bíblico, podemos dizer, e de modo muito geral, que o jardim é o palco por excelência no qual se desenrola todo o drama da humanidade. No Éden, ou Paraíso, ou mais simplesmente no Jardim, o ser humano – na figura primordial de Adão e Eva – encontra o início de sua existência e sua primeira morada, da qual se vê precocemente privado e pela qual, desde então, suspira cheio de saudade.

É também em um jardim que Jesus, o "novo Adão", porá fim a essa saudade, ao indicar que as portas de acesso à vida eterna, outrora fechadas e resguardadas, encontram-se agora definitivamente abertas mediante sua ressurreição.

Apesar dessa certeza da fé, permanece o mistério da liberdade humana, de suas contradições e seus dramas, e, de fato, ao falarmos desses temas, vem à mente uma frase que se encontra no Livro II do famoso poema intitulado *O paraíso perdido*, de autoria de John Milton (1608-1674): "Melhor reinar no inferno do que obedecer no céu". Esta frase – na obra de Milton atribuída ao próprio Satã – de algum modo nos coloca perante uma postura contrária à obediência e, portanto, ligada fundamentalmente ao não querer ouvir, ao fechar-se. É uma tendência que se vê ainda presente em todo coração humano que, em sua genuína saudade do Paraíso, deixa-se muitas vezes levar pelas suas contradições internas, por "outros jardins", na esperança de obter o sentido da própria vida no efêmero, no aqui e agora, fechando-se à sua vocação para o eterno.

Diante disso, eis a necessidade de "cultivar" o jardim do coração humano, para que este seja mais receptivo ao chamado que continua a provir do "jardim" por excelência, o Paraíso. É precisamente com base nessa necessidade de proteção e cultivo do jardim interior que se apresenta este livro, de autoria de Frei Elionaldo.

Oferecendo o caminho das bem-aventuranças evangélicas, o autor indica uma forma de espiritualidade bíblica que visa mitigar essa "saudade do coração", apontando para um horizonte definitivo no qual possamos fixar nosso olhar e encontrar sentido em nossa existência.

Faço votos de que a leitura deste livro possa iluminar e trazer paz aos corações.

Padre Eliomar Ribeiro
DIRETOR-GERAL DE EDIÇÕES LOYOLA

INTRODUÇÃO

Parto de uma inspiração que nasceu do contato com o pensamento e o sentimento do grande educador, teólogo e poeta Rubem Alves:

Todo jardim começa com um sonho de amor.
Antes que qualquer árvore seja plantada
ou qualquer lago seja construído,
é preciso que as árvores e os lagos
tenham nascido dentro da alma.

Quem não tem jardins por dentro
não planta jardins por fora
nem passeia por eles...

De fato, a imagem do jardim é profundamente antropológica. Na tradição bíblica, ela é muito cara, pois evoca o lugar da criação, o paraíso, o encontro harmonioso entre o Criador e suas criaturas; o lugar original e originador da vida em toda a sua singularidade. É também o primeiro lugar da revelação do Ressuscitado, que é confundido justamente com um jardineiro (cf. Jo 20,11-18).

Como sugere a poesia de Rubem Alves, o jardim é uma realidade interior, porque, se não o for, não poderá exteriorizar-se. É, portanto, um desejo ancestral de encontrar a paz, a harmonia e o mais profundo equilíbrio.

O próprio relato bíblico do livro do Gênesis informa que, quando o casal humano é expulso do "paraíso", eles perdem as condições paradisíacas do jardim. A primeira e mais significativa perda é a ausência de Deus, marcada pela separação e pelo afastamento. Perdendo a convivência com o Criador, eles perdem o equilíbrio, a paz e a harmonia que envolviam toda a obra criada.

Portanto, a ideia de jardim representa sempre um retorno às origens, a um passado imemorável, no qual se redescobre a beleza da criação, das criaturas e do próprio Criador[1]. Esse desejo ancestral do ser humano pode ser traduzido pela palavra "sede". Inclusive, biblicamente esta palavra será utilizada para expressar um desejo, uma busca insaciável por Deus: "Ó Deus, tu és o meu Deus, desde a aurora eu te busco. Minha alma tem sede de ti; por ti deseja minha carne, numa terra deserta, seca, sem água" (Sl 63,2).

Seguindo com essa visão teológica, a partir da releitura deste relato da criação e da inspiração de Rubem Alves, podemos afirmar que o ser humano busca

---

1. "Finalmente, o homem se encontrava em transparência diante do mistério. Aparecia como 'delegado de Deus' no jardim; delegado e dono das coisas; podia aproveitar-se de todas, em todas encontrava sua verdade e realizava sua existência. Mas, sendo delegado de Deus, o homem era humano, isto é, achava-se fundado numa lei. Não podia transpor seus próprios limites, rompendo as fronteiras do bem e do mal, da vida e da morte, para fazer-se divino. A vida original aparecia como um 'paraíso'; um paraíso que se pode perder quando os homens, afastando-se de sua própria condição, negando a gratuidade, tentam converter-se em donos do bem e do mal, ditadores sobre as coisas, esquecendo assim sua condição de criaturas sustentadas pela graça" (PIKAZA, XABIER, *Anunciar a liberdade aos cativos. Palavra de Deus e catequese*, trad. Luiz João Gaio, São Paulo, Loyola, 1985, 154).

o seu jardim original através da vontade de beleza, do desejo de plenitude e de autorrealização.

Não obstante, muitas vezes, essa busca tornou-se equivocada por perder de vista os parâmetros do Criador e sua harmonia original. Buscamos incessantemente a felicidade, o bem, o amor e a paz, mas de forma desordenada, excessiva e desequilibrada.

Por isso, o divino jardineiro, na sua revelação neotestamentária, nos apresenta no Evangelho de Mateus dez cultivos para o desenvolvimento do nosso jardim interior. Será ele nosso guia nessa jornada de retorno ao paraíso perdido, ao jardim das delícias, das realizações, mas também do cuidado e do cultivo.

A afirmação de que o ser humano foi colocado no jardim "para o cultivar e guardar" pretende evidentemente esclarecer que não se deve imaginar o paraíso como uma terra de delícias. O trabalho torna-se apenas mais leve, porque a irrigação já estava providenciada. Desde o início, portanto, o ser humano tinha uma missão a desempenhar[2].

---

2. KRAUSS, HEINRICH; KUCHLER, MAX, *As origens. Um estudo de Gênesis I–II*, Trad. Paulo F. Valério, São Paulo, Paulinas, 2007, 86.

No Evangelho de Mateus, esses dez cultivos são chamados de "bem-aventuranças" (cf. Mt 5,1-12), isto é, um programa de vida e santidade que nos faz voltar à realidade profunda e plena do nosso jardim, a partir dos critérios do Filho de Deus, que nos amou e se entregou por nós (cf. Gl 2,20). Em outras palavras, o divino jardineiro veio ao nosso encontro para nos ensinar a cuidar e a cultivar o nosso jardim, para descobrirmos o jardim pleno e belo do seu Reino misterioso e definitivo.

Juntos vamos empreender uma viagem ao nosso jardim interior, guiados e orientados pelo divino jardineiro, exercitando-nos no cultivo e no cuidado da vida circunstante, e sabendo que no centro do jardim está Deus, que reordena e reequilibra toda a nossa caminhada rumo à pátria definitiva, isto é, ao jardim eterno.

[...] (Mt 5,1-12a). As bem-aventuranças proclamam que, para os que confiam em Deus, o cumprimento de sua esperança chegou: eles vão integrar a comunidade dos que são salvos por Deus. As bem-aventuranças têm forma de congratulação, mas incluem uma missão. A bênção de Deus é dom e missão[3].

---

3. KONINGS, JOHAN, SJ, *Liturgia dominical. Mistério de Cristo e formação dos fiéis (anos A-B-C)*, Petrópolis-RJ, Vozes, 2009, 136.

1

PREPARAR A TERRA...

Antes de qualquer cultivo é necessário preparar a terra. Utilizando a parábola do bom semeador (cf. Mt 13,1-9), podemos dizer que esse cultivo interior acontece na terra do nosso coração. Qual é o terreno do nosso coração? Precisamos preparar a terra: arar, nutrir, deixar descansar por um tempo, preparar o adubo mais adequado, enfim... cultivar!

Vamos entender o coração aqui na dimensão bíblica, isto é, o centro da pessoa, o lugar das decisões e do discernimento, também o lugar das emoções e do pensamento. Nesse sentido, o que estamos cultivando em nossos corações? Pois Jesus nos disse que a boca fala daquilo que o coração está cheio (cf. Mt 12,34) e que, onde está o nosso tesouro, aí estará o nosso coração (cf. Mt 6,21).

O que tem preenchido os nossos corações? Isto tem a ver com o cultivo, ou seja, o que eu tenho cultivado nesse solo? Como está à disposição desse solo para acolher as boas sementes do Reino da vida? Jesus nos disse que podemos representar quatro lugares (terrenos) de acolhida dessas sementes, os quais representam a nossa disposição interior para o cultivo do nosso jardim.

O primeiro é "à beira do caminho". Representa um lugar inapropriado para o cultivo de qualquer semente, pois aí estão completamente vulneráveis; a parábola diz "que logo vieram os pássaros e as comeram". Essa imagem nos dá a ideia de algo efêmero, rápido, passageiro, sem consistência, que facilmente se perde.

Então, pensando na dimensão do coração como nosso centro, nesta situação estariam pessoas consideradas inconstantes, habituadas aos prazeres momentâneos, que não acolhem em profundidade a mensagem de Jesus nem, embora se alegrem, vibrem, se emocionem, levam ao seu interior a mensagem da vida; por isso, não cultivam suas sementes nem plantam o seu jardim. Elas vivem de emoções e experiências intensas, em busca do bem-estar, e, portanto, não se comprometem com o cultivo das sementes que receberam.

O segundo lugar seria o "terreno rochoso", que, se formos analisá-lo, é peculiar, com sua vegetação rasteira, pois aí as plantas não possuem raízes profundas. Diz a parábola que, "quando o sol sobrevém, elas logo se queimam e secam por não terem raízes". Essas são as pessoas com um coração sem perseverança. O lugar do cultivo revela um terreno inapropriado, pois está cheio de pedras, que impedem o cultivo do jardim, isto é, falta disposição interior. A princípio acolhem as sementes e começam a cultivá-las, mas não há perseverança por anteporem outras realidades que concorrem com o projeto do jardim. Trata-se de pessoas com muitas prioridades... E, quem tem muitas prioridades, geralmente não tem um foco; muitas preocupações endurecem o coração e dividem a alma, e o jardim não se estabelece.

O terceiro lugar é "no meio dos espinhos". Um lugar difícil e improvável de cultivo, pois já existe ali algo plantado e cultivado: "os espinhos". Eles ferem, machucam, e, ainda que sirvam de proteção, para que haja outro cultivo ou mesmo um jardim, seria necessária uma limpeza desse terreno inóspito.

Assim são as pessoas feridas pelos espinhos da vida, que se fecharam no cultivo da própria dor e não se abrem a novos cultivos, porque acham que os arbustos existentes são próprios do seu jardim. Elas ferem quem se aproxima, porque foram feridas e se fecharam na própria dor e em suas experiências espinhosas.

Nesse contexto, as sementes do Reino da vida até caem ali, começam a crescer, mas logo são sufocadas, pois não há espaço para o seu cultivo. Na explicação de Jesus dessa parábola, os espinhos são as ilusões das riquezas e as preocupações deste mundo que sufocam as sementes que foram lançadas (cf. Mt 13,22).

O quarto lugar é, enfim, a terra boa. Esse é efetivamente o lugar do jardim onde as plantas crescem, florescem e, diz a parábola, dão frutos, produzindo "trinta, sessenta ou até cem vezes mais" por semente plantada. Os frutos dependem diretamente do cultivo e do preparo da terra, isto é, da abertura de coração. As pessoas que reúnem essa disposição já se trabalharam em vários aspectos, ressignificaram suas dores, amadureceram seus amores, e estão abertas a novos cultivos. O solo do seu coração é fecundo pelas experiências que foram assimilando e por responderem a elas com fé e caridade, inclusive consigo mesmas.

São aquelas que sonharam com o seu jardim e continuam sonhando... Por isso, o jardim não é apenas uma realidade interior, mas tende sempre a exteriorizar as experiências e vivências delas. Elas são, portanto, amantes da beleza e estão mais integradas à própria natureza e, consequentemente, ao divino Criador e a suas criaturas.

São pessoas que cultivaram coisas boas em seus corações e não perderam tempo com a maldade, a violência e o engano, e que, conhecendo a riqueza e o potencial da semente, cultivaram a humildade, o *húmus*, o solo fecundo que Deus pode habitar e preencher.

Portanto, o jardim interior tem a ver com um "lugar", isto é, um espaço adequado onde Deus possa habitar, e esse lugar, solo fecundo, é justamente a virtude da humildade. Nesse sentido, o que mais encantou a Deus na jovem Maria de Nazaré foi a sua humildade (cf. Lc 1,48), solo fecundo, lugar onde ele pôde habitar e encarnar-se.

O semeador e a semente foram acolhidos pela jovem Maria, que era uma terra muito boa, totalmente disponível e pronta para o cultivo do jardim da nova humanidade. Em Maria sobressaía a terra boa: a humildade, onde Deus revelou sua semente, o jardim e o jardineiro.

Inspirados por ela, podemos pensar no melhor preparo e nos elementos essenciais para o cultivo do nosso jardim. Maria é também nossa companheira de caminhada, pois, como perfeita discípula, sempre nos indica as sementes do Reino e os melhores meios de cultivo do nosso jardim interior: "Fazei tudo o que ele vos disser" (Jo 2,5).

2

O CULTIVO DAS BEM-AVENTURANÇAS

As bem-aventuranças não são um cultivo qualquer, tampouco nascem se não forem plantadas e devidamente cultivadas. Trata-se de um caminho de santidade que precisa de um preparo cuidadoso do terreno, isto é, do solo do coração para o cultivo das sementes mais importantes de todo o Evangelho.

O Papa Francisco escreveu, na sua Exortação Apostólica sobre o chamado à santidade no mundo atual:

"As bem-aventuranças não são, absolutamente, um compromisso leve ou superficial; pelo contrário, só as podemos viver se o Espírito Santo nos permear com toda a sua força e nos libertar da fraqueza do egoísmo, da preguiça, do orgulho"[1].

Isso implica decisão, compromisso e renúncia: "Se alguém me quer seguir, renuncie a si mesmo, tome a sua cruz e me siga. Pois, quem quiser salvar a sua vida, vai perdê-la; mas quem perder a sua vida por causa de mim e do Evangelho, vai salvá-la" (Mc 8,35). Significa remar contra a corrente ou, em outras palavras, colocar-se contrário ao mundo e às suas seduções.

Assumir o projeto das bem-aventuranças é participar da vida de Cristo e do seu Reino, e permitir que ele participe da nossa vida, das nossas escolhas e dos nossos projetos pessoais e comunitários. Ou seja, é ser discípulo(a) e viver configurado por Cristo, tornando-o presente no mundo pelos valores evangélicos assumidos e testemunhados na concretude da vida e na história.

---

1. PAPA FRANCISCO, *Exortação Apostólica Gaudete et exsultate*, São Paulo, Paulus, 2018, 37-38.

A prática das bem-aventuranças revela os amigos de Deus, aqueles que adentraram o seu jardim misterioso e vivem numa relação de conhecimento e amizade, que se traduz em compromisso e comprometimento com a vida em toda a sua singularidade. Cultivar o próprio jardim é desejar ardentemente adentrar o jardim do divino Criador, no anseio de voltar às origens, à paz e à plenitude original.

As bem-aventuranças não são utopias ingênuas, elas são o olhar sereno do que é possível, do factível e do que é melhor. O Evangelho de Mateus nos apresenta nove bem-aventuranças, na abertura do Sermão da montanha (5,1-12), e outras quatro, ao longo do Evangelho (11,6; 13,16; 16,17; 24,46). Na perspectiva de uma proposta nova de vida, de espiritualidade e de sociedade, as bem-aventuranças se constituem na pedagogia da inclusão como a *teopolítica do Reino de Deus*, ou seja, como poderia ser o mundo na ótica de Deus. As bem-aventuranças podem conter dois valores opostos: a honra e a vergonha. A honra e a felicidade no horizonte da fé, da espiritualidade e da força divina, que assistem e abençoam os seus protagonistas, e a vergonha da parte do mundo, daqueles que optam pela prepotência, pelo despotismo, pelo egoísmo, pela ganância e outras formas de tirania (cf. Is 5,8s)[2].

---

2. MAZZAROLO, ISIDORO, *As 55 bem-aventuranças do Novo Testamento. Impactos sociológicos, jurídicos, econômicos e teológicos – Exegese e hermenêutica*, São Paulo, Paulus, 2023, 27.

3

"BEM-AVENTURADOS OS POBRES NO ESPÍRITO, POIS DELES É O REINO DOS CÉUS"

Ser pobre em espírito significa não ser possuído pelos bens que possui. Há muitas pessoas que não possuem bens, mas são possuídos por eles. Isto é, não conseguem ser livres e desapegadas, vivem em função de suas posses. Nesses corações cheios de valores transitórios, não há espaço para os cultivos eternos.

Uma pessoa pobre em espírito é alguém que confia em Deus acima de tudo e de todos, que sabe em quem colocou a sua confiança; então, seu coração se fia no Criador de todas as coisas, e não nas coisas criadas. É um coração desapegado e generoso, que utiliza os bens que passam para promover os que não passam.

A pobreza em espírito diz respeito também à disponibilidade. José, o pai adotivo de Jesus, era profundamente pobre em espírito, pois foi capaz de se esvaziar de seus planos e sonhos, como jovem israelita de seu tempo, a fim de acolher os sonhos e planos de Deus para ele e para toda a humanidade.

Essa bem-aventurança enumera os herdeiros do Reino definitivo, pois ser pobre em espírito significa ser dócil ao Espírito de Deus, e quem se deixa guiar pelo Espírito de Deus é filho de Deus (cf. Rm 8,14). Os filhos são sempre os herdeiros e depositários dos bens da família, os destinatários das promessas.

Um coração pobre em espírito não confia no próprio poder econômico, social ou nas próprias capacidades e habilidades, mas entrega-se à vontade de Deus, buscando os seus critérios de felicidade e realização. São pessoas "esvaziadas" do seu orgulho e da sua vaidade, que não se apegaram ciosamente a sua condição, mas se esvaziaram a exemplo do Filho de Deus, que, de rico que era, se esvaziou para o nosso próprio enriquecimento (cf. Fl 2,6-11).

Não é sem razão que São Jerônimo afirma que são bem-aventurados os pobres em espírito, isto é, os que por obra do Espírito Santo se fazem pobres voluntariamente[1]. O contrário dessa virtude evangélica seria a soberba, isto é, uma raiz do pecado (cf. Pr 16,18).

Santo Agostinho diz que os soberbos têm um espírito grande. Ora, a palavra "espírito" significa vento, sopro, ou seja, o soberbo tem um espírito inflado, cheio de ar. O coração pobre não se infla como um balão nem se incha com os ventos do seu orgulho pessoal[2].

Esse cultivo é bastante exigente e vai requerer uma terra adubada pela humildade, pela abertura ao Espírito de Deus. E isso só é possível por meio da oração! Quem não reza não se abre a Deus nem à ação do seu Espírito. A oração permite-nos confrontar a nossa

---

1. Cf. Santo Tomás de Aquino, *Catena Aurea. Exposição contínua sobre os evangelhos*, Campinas-SP, Ecclesiae, 2018, v. 1: Evangelho de São Mateus, 170.

2. Cf. ibid., 169.

vontade com a vontade de Deus e procurar afiná-la numa mesma e única sintonia.

Em todas as suas ações e palavras, Jesus nos revela essa pobreza em espírito; contudo, no jardim do Getsêmani, ele nos mostra de modo dramático como, na sua oração, sua vontade resigna-se à vontade de Deus: "E, afastando-se uma vez mais, orou dizendo: 'Ó meu Pai, se este cálice não puder passar de mim sem que eu o beba, seja feita a tua vontade'" (Mt 26,42).

Como a nossa vontade é uma vontade manchada pelo pecado, a busca pela vontade divina através da obediência é o passaporte de volta à comunhão e à harmonia original no jardim. É um cultivo para quem tem fé e entendeu que Deus deve ocupar o centro gravitacional da sua vida, e tudo mais deve orbitar a sua volta.

Se você é pobre em espírito, que tenha por modelo o Deus que quis fazer-se pobre, indigente pelo amor de nós, que fixa seu olhar sob a comum condição de todos os homens, e banirá de seu coração todo este fausto emprestado. Esta pobreza de espírito não exclui outro tipo de pobreza, que serve para adquirir as riquezas do céu. Ambas levam à bem-aventurança:

Qual é, então, o pobre em espírito? É aquele que troca a opulência terrestre pelos bens espirituais, o que se liberta de todo apego humano para tomar um impulso mais livre para a Divindade[3].

Os pobres em espírito são aqueles que descobriram que Jesus e seu Reino são a sua maior riqueza (cf. Mt 13,44-46), e que, por isso, se abriram à ação do seu Espírito Santo para percorrer os caminhos de sua vontade. Em outras palavras, apropriaram-se do Evangelho e assumiram o estilo de vida inaugurado por Jesus e difundido na história através dos seus apóstolos(as) e discípulos(as).

É pobre em espírito quem é capaz de renunciar à própria vontade para abraçar a vontade de Deus; vontade essa que significa a nossa mais plena realização, isto é, a volta ao jardim, à plenitude da graça que é Cristo, morto e ressuscitado. Ser pobre em espírito

---

3. São Gregório de Níssa, doutor da Igreja (séc. IV). Sermão sobre as bem-aventuranças (Bibliotheque choisie des Peres de l'Église grecque et latine – Extratos, Guillon, 1825, v. 8, 25-27); cf. também *Liturgia Horarum* (LH), v. III, 362, *Lecionário Patrístico Dominical*, trad. Fernando José Bondan, Petrópolis-RJ, Vozes, ²2016, 126.

é um ato de fé corajoso de quem descobriu que Jesus e seu Reino são a sua maior riqueza; por isso, foi e vendeu tudo para comprar esse tesouro escondido no campo (cf. Mt 13,44), essa pérola preciosa do Evangelho (cf. Mt 13,45).

4

"BEM-AVENTURADOS OS QUE CHORAM, POIS ELES SERÃO CONSOLADOS"

Ao escutarmos esta sentença, ficamos pensando: "Como assim os que choram? Por qual motivo devemos chorar?". O choro é sempre uma expressão intensa da emoção que nasce da perda de alguém que amamos e queremos muito, ou de uma alegria incontida. O choro também pode nascer como expressão de uma solidariedade profunda, de um verdadeiro compadecimento, levando a pessoa que se solidariza a uma grande empatia, ou mesmo compaixão.

Os Padres da Igreja afirmam que esse choro é devido aos próprios pecados e aos pecados alheios, e que pode servir como expressão da alegria futura. Vejamos, pois, a afirmação de São João Crisóstomo:

> E mesmo que fosse suficiente para tais pessoas receber o perdão, ainda assim Ele não se detém somente no perdão dos pecados, mas faz delas ainda partícipes de muitos consolos tanto na vida presente como na futura. O Senhor sempre dá retribuições maiores que os esforços[1].

Um coração que não é manso e humilde não é capaz de sentir a dor do outro e compadecer-se. É preciso uma verdadeira proximidade! Jesus chorou a morte do amigo Lázaro e ficou profundamente emocionado quando encontrou suas amigas em Betânia. Uma sincera amizade com Jesus, o Mestre, nos torna mais

---

1. Santo Tomás de Aquino, op. cit., 172.

sensíveis e nos faz abrir o coração para acolher a dor do outro como a nossa dor.

A experiência do discípulo amado, que repousa sua cabeça no peito do Mestre, nos ensina a escutar o coração de Jesus na oração, mesmo nos momentos de grandes sofrimentos e dores, ou mesmo diante do calvário. Essa relação mestre-discípulo nos capacita a alargar o coração ao próximo, às suas dores e aos seus sofrimentos.

Desse modo, não choramos apenas os nossos pecados, mas também as misérias humanas enredadas na falta de amor, isto é, na ausência de Deus. Onde Deus se faz presente, a vida se manifesta, a consolação, o contentamento, a alegria tomam conta e a paz reina invencível.

Essa bem-aventurança exige proximidade com Deus, com sua vontade salvífica, com seu amor redentor, que se doa até a última gota de sangue e água. E, porque se tornou próximo do coração de Deus, será capaz de se aproximar dos corações dos homens feridos de morte pelo pecado, pelos vícios e males deste mundo.

Esse "choro" é também uma expiação vicária de quem fez dos sentimentos de Cristo os próprios sentimentos (cf. Fl 2,5). É um sentir com Deus a dor do outro e, sobretudo, a própria miséria: "Jerusalém, Jerusalém, que matas os profetas e apedrejas os que te foram enviados! Quantas vezes eu quis reunir os teus filhos como a galinha reúne os seus pintinhos debaixo das suas asas, mas vós não o aceitastes!" (Lc 13,34).

É um sentir, com o Criador e suas criaturas, as dores de um parto para uma humanidade nova que precisa desabrochar de um sentimento novo, de uma consciência nova (cf. Rm 8,18-24). Quem sente algo vai levar em conta o que está sentindo em suas atitudes. Desse modo, essa bem-aventurança nos faz sentir com Deus para mudar de pensamento e, consequentemente, de atitudes.

Essa é a bem-aventurança que devemos introjetar neste tempo, pois, ou sentimos com Deus e com sua criação, ou fatalmente destruiremos a nossa casa comum, afastando-nos de Deus e do seu projeto de vida em plenitude não só para a humanidade, mas também para toda a criação. Trata-se de um retorno ao jardim da vida (Éden), ao equilíbrio e à harmonia original, onde o Criador e suas criaturas viviam em harmonia.

Por fim, podemos dizer bem-aventurados os que cultivam e cuidam do jardim da vida, pois são amantes da criação de Deus, e sentem com ele um amor criador e criativo que os conecta a toda a vida circunstante. Essa é a bem-aventurança de quem seguiu o "Jardineiro" da manhã da ressurreição e fez a experiência de entrar no seu jardim interior.

Assim como Maria Madalena, Apóstola da ressurreição, é consolada em seu choro pelo luto do amado, essa bem-aventurança nos traz o consolo do Mestre que conhece nossas dores e nos liberta dos túmulos da tristeza em que estamos presos (cf. Jo 20,11-18).

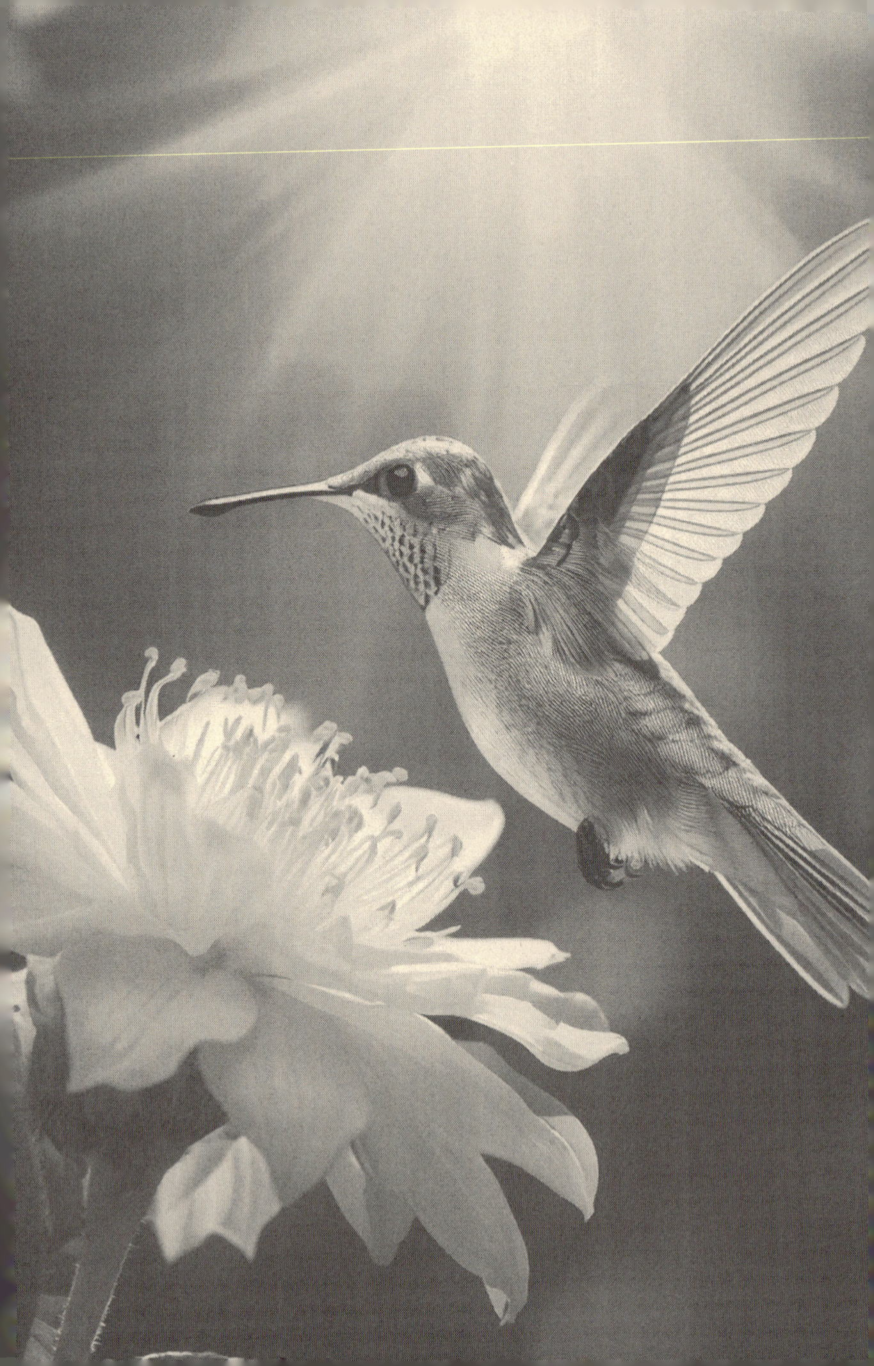

5

"BEM-AVENTURADOS OS MANSOS, POIS ELES HERDARÃO A TERRA"

O anúncio dessa bem-aventurança é impactante e, por que não dizer, desconcertante em nosso tempo. E não apenas hoje, mas em todos os momentos da história, inclusive na Palestina do tempo de Jesus. Naquele tempo, a dominação romana subjugava a Judeia e todo o território da Síria palestina.

A violência, a morte, a crueldade e a exploração eram banais, expressão de um império que governava pela violência (*Pax Romana*), que subjugava quem quer que fosse ao seu domínio e à sua exploração. Tratava-se de uma sociedade muito marcada pelo medo, pelo temor dos inimigos, pelo sofrimento, pela escravidão e pelas injustiças.

Nessa realidade, Jesus enumerou essa bem-aventurança como sinal profético do Reino escatológico, que se materializa no "já" da história através de uma profunda e confiante entrega à vontade de Deus, que é manso e humilde de coração (cf. Mt 11,29).

A "não violência" protagonizada pelos gestos e atitudes de Jesus nos revela que o seu Reino é de caráter elevado, não se iguala nem pode ser comparado aos reinos deste mundo. Inclusive, a entrega de Jesus revela a sua total mansidão: "O meu Reino não é deste mundo. Se o meu Reino fosse deste mundo, meus guardas lutariam para que eu não fosse entregue aos judeus; mas o meu Reino não é daqui" (Jo 18,36-38).

Jesus não é violento, tampouco faz guerra contra seus adversários e inimigos. Jesus não utiliza das nossas armas para combater o seu combate. Pelo contrário, ele nos ensina a realizar a difícil tarefa de amar os inimigos e de rezar por aqueles que nos perseguem (cf. Mt 5,43-44). Jesus é o príncipe da paz e pai dos tempos futuros (cf. Is 9,1-6); seu agir nos traz de volta o equilíbrio original do jardim e revela aquela paz que apostamos, quando outrora nossos primeiros pais aderiram ao pecado por meio da desobediência.

Jesus nos ensina um caminho novo, o caminho da mansidão, daqueles que procuram a paz e vão com ela em seu caminho (cf. Sl 34,15). Imaginemos, pois, a figura de José, esposo de Maria, que não agiu de acordo com a Lei de Moisés, condenando sua esposa à morte, mas, quando soube de sua gravidez, resolveu abandoná-la em segredo. Isso revela a mansidão dos justos, que sabem que Deus é a sua justiça e que combate em seu favor.

José, na sua mansidão, cultiva a oração mesmo contrariado pela dúvida e por sentimentos ambíguos de desconfiança. Ele adormece no Senhor, e no seu sonho Deus se revela, revelando a própria vontade. José, na sua mais profunda mansidão, acolhe a vontade de Deus como sua e desperta para realizá-la.

Quem são os mansos? São aqueles que despertaram para a vontade de Deus e procuram realizá-la como a própria vontade. Estão desarmados das próprias armas e não se fiam nas armas humanas para combater os seus combates do dia a dia: "Determinai não preparar vossa defesa, porque eu vos darei palavras e sabedoria que não poderão resistir ou contradizer todos os vossos adversários" (Lc 21,14-15).

Meditando sobre as bem-aventuranças, o Papa Francisco, na sua Exortação Apostólica *Alegrai-vos e exultai*, nos apresenta considerações profundas e interessantes, nos números 71, 72, 73 e 74, sobre esse tema. Vejamos, pois, o número 72:

> Disse [Jesus]: "Sede discípulos meus, porque sou manso e humilde de coração, e encontrareis descanso para vós" (Mt 11,29). Se vivemos tensos, arrogantes diante dos outros, acabamos cansados e exaustos. Mas, quando olhamos os seus limites e defeitos com ternura e mansidão, sem nos sentirmos superiores, podemos dar-lhes uma mão e evitamos gastar energias em lamentações inúteis. Para Santa Teresa de Lisieux, "a caridade perfeita consiste em suportar os defeitos dos outros, em não se escandalizar com as suas fraquezas".

Santo Tomás de Aquino, em sua *Catena Aurea*, nos diz que os mansos, que tomaram posse de si mesmos, possuirão a herança do Pai na vida futura. E possuir é mais que ter, já que, muitas coisas que temos, as perdemos imediatamente[1].

A mansidão, portanto, é ter coragem de colocar o coração de Jesus sobre o próprio coração. É procurar ter os mesmos sentimentos de Cristo (cf. Fl 2,5-11), isto é, esvaziá-lo (*kénosis*)[2] para preenchê-lo de Cristo. E isso só será possível através da oração, que nos coloca em contato com a vontade de Jesus e o seu Reino.

A mansidão, portanto, é uma expressão da pobreza em espírito; assim, todas as bem-aventuranças estão intimamente ligadas num mesmo e único propósito: a santidade! Essa é a vontade de Deus (cf. Mt 5,48), e deve ser também a nossa vontade!

As bem-aventuranças devem ser lidas no horizonte da parábola da porta estreita (cf. Mt 7,13-14). Não é um caminho fácil, mas é um caminho de vida eterna (cf. Jo 6,68); um caminho que exige conversão a Jesus

---

1. Cf. SANTO TOMÁS DE AQUINO, op. cit., 171.
2. Esvaziamento da dimensão gloriosa do Filho de Deus em sua encarnação.

e ao seu Evangelho; um caminho árduo, porém seguro e confiável, que nos levará ao interior do jardim. Em resumo, a imitação de Cristo implica a vivência e a assimilação das bem-aventuranças. Esse é o seguimento de Cristo e seu consequente discipulado missionário.

Em síntese os mansos são aqueles que tomaram posse de si pela virtude cardeal da temperança, e, porque possuíram a si mesmos, tomarão posse da terra do jardim, do seu lugar pleno e definitivo. São aqueles(as) que se desarmaram das armas deste mundo para se revestirem das armas divinas (cf. Ef 6,10-20), pois descobriram que o combate da fé exige meios espirituais, além dos materiais.

6

"BEM-AVENTURADOS OS QUE TÊM FOME E SEDE DE JUSTIÇA, POIS ELES SERÃO SACIADOS"

Fome e sede são necessidades básicas, elementares à vida e a sua manutenção. Ter fome e sede é ter uma dupla necessidade de sobrevivência que exige tanto o alimento sólido quanto o líquido. Essa comparação é forte e denota uma busca contínua pelo essencial.

Sabemos que o tema da justiça, tanto no Primeiro quanto no Segundo Testamento, é fundamental e é característico da ação divina. É, por isso mesmo, expressão da Revelação de Deus na história.

Quem não ama a justiça e não a procura em sua mais profunda verdade não poderá ser bem-aventurado. Ter fome e sede de justiça é ter fome e sede de Deus! O apóstolo Paulo, ao falar do Evangelho, afirma: "De fato, nele a justiça de Deus se revela da fé para a fé, como está escrito: 'O justo da fé viverá'".

O apóstolo dos gentios considera que viver pela fé é acolher a Boa-Nova, isto é, um ato de justiça, e essa vida à luz da fé nos traz a justificação. Desse modo, Paulo estabelece uma relação intrínseca entre fé e justiça. Ao assumir a fé em Cristo, somos justificados e inseridos no horizonte das bem-aventuranças.

Essa compreensão paulina pode alargar nosso entendimento dessa bem-aventurança, pois nos faz considerar as obras da fé como uma prática concreta da justiça (cf. 1Ts 1,2-3). O Evangelho de Mateus também coloca em primeiro lugar essa busca por justiça: "Buscai em primeiro lugar o Reino de Deus e sua justiça, e todas essas coisas vos serão dadas por acréscimo" (Mt 6,33).

A justiça é um atributo divino e revela a presença de Deus na história. Buscá-la em primeiro lugar é um critério de acesso às bem-aventuranças. Ele mesmo julgará o mundo com justiça, julgará os povos com equidade (cf. Sl 9,9). Ele ama a justiça e o direito; da misericórdia do Senhor a terra está cheia (cf. Sl 33,5). Portanto, sem buscar a justiça e praticá-la não poderá haver bem-aventurança.

Justiça significa, assim, a plenitude do Evangelho, o dom de Deus aberto aos pobres, aos perdidos e humilhados da terra. Não é justiça a atitude daquele que pretende respeitar a ordem existente, de modo que cada um se feche no que lhe é próprio. Dessa forma, sanciona-se a violência estabelecida; talvez seja melhor a pura desordem, que não deixa de ser uma atitude impositiva. Segundo a tradição bíblica, justiça significa amor que age: é compaixão, ajuda aos pobres, solidariedade comprometida[1].

O Papa Bento XVI, em sua Carta Encíclica *Caritas in Veritate*, nos apresenta a relação intrínseca entre

---

1. PIKAZA, op. cit., 345.

a caridade e a justiça, afirmando que a justiça é o primeiro caminho para a caridade: "A caridade supera a justiça, porque amar é dar, oferecer ao outro do que é 'meu'; mas nunca existe sem a justiça, que induz a dar ao outro o que é 'dele', o que lhe pertence em razão do seu ser e do seu agir"[2]. Daí podemos concluir que essa bem-aventurança está implícita nas demais e que sua relação com as outras bem-aventuranças é vital e imprescindível.

Em outras palavras, a marca das bem-aventuranças é a justiça, e sem ela não há bem-aventurança, pois toda bem-aventurança está alicerçada na justiça divina. Até aqui sabemos que não se trata de um conceito de justiça pessoal apenas, mas de uma ação voltada para o próximo, como destaca o Papa Francisco, citando o profeta Isaías, ao comentar essa bem-aventurança: "Aprendei a fazer o bem, buscai o que é correto, defendei o direito do oprimido, fazei justiça para o órfão, defendei a causa da viúva" (Is 1,17)[3].

---

2. PAPA BENTO XVI, *Carta Encíclica Caritas in veritate. Sobre o desenvolvimento humano integral*, Brasília, Edições CNBB, 2009, 9.

3. PAPA FRANCISCO, op. cit., 42.

A justiça e a misericórdia estão tão unidas que uma deve ser temperada pela outra. A justiça sem a misericórdia é crueldade, e a misericórdia sem justiça é relaxamento. Por isso, após falar de justiça, fala da misericórdia, dizendo: *Bem-aventurados os misericordiosos*[4].

Justiça e esperança também possuem uma relação intrínseca. Em outras palavras, podemos dizer que a justiça é a virtude da esperança realizada. Tudo aquilo que buscamos na esperança se concretiza de modo pleno na justiça: "Ele enxugará toda lágrima dos seus olhos. A morte não existirá mais, e não haverá mais luto, nem grito, nem dor, porque as coisas de antes passaram" (Ap 21,4). Portanto, quando exaurir a esperança no encontro pleno com o Senhor da vida, restará a justiça, que não se separa da misericórdia.

Justiça e misericórdia são os dois lados de uma mesma e única moeda, que estarão sobre os nossos olhos nos permitindo realizar a grande travessia para o outro lado da vida, onde a plenitude é a regente de uma harmonia infinita de luz e de beleza. Essa é a moeda

---
4. Santo Tomás de Aquino, op. cit., 173.

perdida que foi encontrada diligentemente e que será motivo de alegria eterna (cf. Lc 15,8-10).

A volta ao jardim das bem-aventuranças depende da disposição em dar o devido valor às riquezas do Reino celeste, pois nossa vida verdadeira está escondida com Cristo em Deus (cf. Cl 3,1-4). Ele é o tesouro escondido no campo e a pérola preciosa de incomparável valor, que precisa ser encontrada.

[...] "A vida eterna consiste nisso: que conheçam a ti, o Deus único e verdadeiro, e a Jesus Cristo, que enviaste" (Jo 17,3). A vida, no verdadeiro sentido, não a possui cada um em si próprio sozinho, nem mesmo por si só: ela é uma relação. E a vida na sua totalidade é relação com aquele que é a fonte da vida. Se estivermos em relação com aquele que não morre, que é a própria vida e o próprio amor, então estamos na vida. Então "vivemos"[5].

---

5. BENTO XVI, *Carta Encíclica Spe salvi. Sobre a esperança cristã*, São Paulo, Paulus/Loyola, 2007, 37-38.

7

"BEM-AVENTURADOS OS MISERICORDIOSOS, POIS ELES ALCANÇARÃO MISERICÓRDIA"

Chegamos ao centro das bem-aventuranças, a de número cinco na lista do evangelista Mateus, justamente para indicar a sua centralidade em relação às demais beatitudes. Aqui está o coração dessa mensagem de Jesus e o centro do Evangelho. São Jerônimo afirma que a misericórdia é compreendida aqui não só como a que se pratica por meio de esmolas, mas também a produzida pelo pecado do irmão, e, assim, se ajudando uns aos outros a carregar o fardo[1].

O Papa Francisco, na sua Exortação Apostólica sobre o chamado à santidade no mundo atual, comenta que a misericórdia possui dois aspectos, quais sejam: é dar, ajudar, servir os outros, mas também perdoar, compreender[2]. Daí podemos dizer que a misericórdia possui dois lados: o de dar, ofertar, se compadecer, e o de receber o perdão e a misericórdia.

Essa via de mão dupla é o único acesso para a nossa salvação, pois, como nos ensina Jesus na oração do Pai-nosso, tanto precisamos "perdoar as ofensas recebidas quanto pedir perdão pelas cometidas". A medida do nosso perdão é a medida do perdão de Deus: "'Senhor, quantas vezes devo perdoar, se meu irmão pecar contra mim? Até sete vezes?' Jesus respondeu: 'Digo-te, não até sete vezes, mas até setenta vezes sete'" (Mt 18,21-22).

---

1. Cf. SANTO TOMÁS DE AQUINO, op. cit., 174.
2. Cf. PAPA FRANCISCO, op. cit., 43.

O critério da salvação apresentado pelo evangelista Mateus em seu discurso escatológico é a misericórdia (cf. Mt 25,31-46). E isso nos faz semelhantes a Deus, pois só entrará no Reino dos céus quem faz a vontade do Pai (cf. Mt 7,21-27). Portanto, a misericórdia é o coroamento das bem-aventuranças, é o ponto máximo do sermão da montanha.

É muito bonito perceber que o Evangelho de Jesus não é elitista, tampouco poderá prestar-se a essa infeliz finalidade. O Evangelho de Jesus é inclusivo e sinônimo de misericórdia: "Não são os que têm saúde que precisam de médico, mas os doentes. Ide, pois, aprender o que significa: 'Misericórdia eu quero, não sacrifícios'. Com efeito, não vim chamar justos, mas pecadores" (Mt 9,12-13). Entretanto, a misericórdia não implica uma aceitação do pecado, mas sim do pecador, que se propõe a um exigente e comprometido processo de conversão.

Assim, a mensagem da misericórdia divina não é a mensagem de uma graça barata. Deus espera que levemos a cabo as obras do direito e da justiça (cf. Am 5,7.24; 6,12 etc.) ou, segundo outra formulação, que pratiquemos o direito e a amabilidade (cf.

Os 2,21; 12,2 etc.). Por isso, a misericórdia não está em contradição com a mensagem da justiça. Na sua misericórdia, Deus contém melhor a sua justa ira; além disso, Ele mesmo se retira, se fecha. Fá-lo para dar ao homem a oportunidade de se converter. A misericórdia de Deus concede ao pecador um prazo de graça e deseja a sua conversão; por último, a misericórdia é a graça que possibilita a conversão[3].

Em resumo, a misericórdia não é a aceitação do pecado, mas sim do pecador que deseja romper com o pecado e buscar caminhos de conversão e transformação espiritual. É graça cara, concedida generosamente para o pecador retomar os caminhos da graça, justiça e verdade. Não se trata de uma aceitação qualquer, mas de uma acolhida comprometida e comprometedora que envolve a pessoa por completo. Podemos recordar aqui a parábola do "Pai misericordioso", que acolhe os filhos que se perdem dentro e fora de sua casa (cf. Lc 15,11-32).

---

3. KASPER, WALTER, *A misericórdia. Condição fundamental do Evangelho e chave da vida cristã*, trad. Beatriz Gomes, São Paulo, Loyola; Portugal, Princípio, 2015, 73.

8

"BEM-AVENTURADOS OS PUROS DE CORAÇÃO, POIS ELES VERÃO A DEUS"

Quando pensamos em "pureza de coração", recordamos logo as crianças. De fato, Jesus nos disse que só vai entrar no céu quem for como uma criança (cf. Mt 18,4). A criança tem uma pureza original, pois ela está aberta ao perdão, ao amor e à confiança de forma direta e sem prejuízos. À medida que vamos crescendo, perdemos essa pureza original e nossa originalidade primeira, isto é, saímos do jardim.

A infância é a fase do jardim da humanidade. É o primeiro estágio no qual nos encontramos no horizonte de Deus e de sua criação. Por isso, a pureza de coração indica uma volta ao jardim da vida. Essa volta é marcada por desfazer-se das coisas que poluem e pesam a nossa relação com Deus e com o próximo (conversão).

Não é sem motivo que falamos de "jardim da infância", pois jardim e infância são coisas que coexistem no mesmo lugar e ao mesmo tempo. É estado de espírito, disposição de ânimo e acolhida da graça de Deus, que nos justifica e nos faz voltar à inocência original.

Ver a Deus é uma graça que compromete a vida de quem a recebe. No Primeiro Testamento, ver a Deus é sinônimo de morte, pois ninguém podia ver a Deus e continuar vivendo. Era uma graça tremenda e até indesejável. Mas, no Segundo Testamento, ver a Deus corresponde ao acesso à Revelação, mediado por Jesus, o Filho de Deus.

Ele revelou o seu rosto, e nós pudemos contemplar a face de Deus; porém essa "visão" implica mudança de vida e de pensamento. Todos que foram olhados por Cristo e corresponderam ao seu olhar foram purificados e puderam ver de outra forma.

Quem contempla a Deus e a seu mistério purifica o seu olhar e, por decorrência, o próprio coração, e começa a enxergar de forma nova. Ver como Deus nos vê implica um coração limpo, que se purifica em contato com Deus e os mistérios do seu Reino. Em outras palavras, exige intimidade, que só pode ser alcançada pela via do discipulado: "Vinde e vede" (Jo 1,39).

Essa bem-aventurança aparece em sexto lugar na lista de Mateus e pressupõe uma assimilação das anteriores; são como degraus de uma escada espiritual que precisam ser percorridos para se alcançar a elevação espiritual. São Jerônimo afirma que, como Deus é limpo, só pode ser conhecido por quem é puro de coração. Não pode ser templo de Deus aquele que não está completamente purificado, e é isso que se expressa quando se diz: *porque verão a Deus*[1].

Pensando novamente na dinâmica da criação e na experiência do jardim, o ser humano foi criado no sexto dia da criação e não tardou para perder sua visão de Deus por meio da desobediência dos nossos primeiros pais; por isso, essa bem-aventurança precedida das demais implica recuperar a visão originária que tínhamos

---

1. Santo Tomás de Aquino, op. cit., 175.

de Deus, quando nossos pais caminhavam com ele no jardim e ele lhes falava face a face.

Santo Agostinho afirma que são tolos aqueles que desejam ver a Deus com os olhos externos, quando só se pode vê-lo com o coração, segundo está escrito no livro da Sabedoria: "Buscai-o com simplicidade de coração" (Sb 1,1). Coração simples é o mesmo que coração puro[2]. Aqui, mais uma vez, percebemos uma relação fina entre as bem-aventuranças. É uma única tessitura da santidade, como o manto do rosto de Cristo que envolve sua cabeça e se estende pelo seu corpo.

O cultivo das cinco bem-aventuranças anteriores purifica o coração do homem e lhe permite enxergar a Deus com os olhos da fé, ver como ele vê e enxergar como ele enxerga. Portanto, a pobreza em espírito, a mansidão, a complacência com os que choram, a sede e a fome de justiça, bem como o exercício da misericórdia, são ações necessárias para que possamos ver a Deus e, ainda mais, ver com Deus o que ele vê.

---

2. Cf. ibid.

9

"BEM-AVENTURADOS OS QUE PROMOVEM A PAZ, POIS ELES SERÃO CHAMADOS FILHOS DE DEUS"

Essa bem-aventurança, enumerada em sétimo lugar por Mateus, nos indica que o lugar do descanso, o verdadeiro *Shabat*, é destinado aos promotores da paz, pois estes são por excelência os filhos(as) de Deus.

Podemos dizer que a paz possui dois aspectos: um interno e outro externo. O aspecto externo revela o interno, pois a boca fala daquilo que o coração está cheio (cf. Mt 12,34). Portanto, pacífico é aquele que conseguiu dominar suas paixões interiores e, por isso mesmo, é capaz de pacificar os conflitos a sua volta. Pois é no interior dos corações que nascem as guerras, contendas e divisões que tornam impuro o homem e, por decorrência, comprometem a paz (cf. Tg 4,1-7; Mt 15,19-20).

O *Doutor Amoris*, Santo Agostinho de Hipona (354-430 d.C.), fala-nos de forma clara e profunda sobre esses dois aspectos da paz, que são intrínsecos e interdependentes.

São pacíficos em si mesmos aqueles que, tendo em paz todos os movimentos da sua alma, e ainda sujeitos à razão, têm dominado as concupiscências da carne e se constituem em reino de Deus. Neles, todas as coisas estão ordenadas, e o que há de melhor e mais excelente no homem domina as demais aspirações rebeldes, as quais os animais também têm. E isso mesmo que se distingue no homem (isto é, a inteligência e a razão) se sujeita ao superior, que é a própria verdade, o Filho de Deus. E não pode mandar nos inferiores quem não está subordinado aos superiores. Esta é a paz que se dá na terra aos homens de boa vontade[1].

É interessante perceber o processo gradativo de conhecimento e assimilação das bem-aventuranças, pois uma implica a outra, e todas estão intimamente relacionadas. Santo Agostinho, na citação acima, nos diz que quem experimenta essa bem-aventurança torna-se Reino de Deus, o "Reino de Deus". O "Reino dos Céus" corresponde a essa realidade do jardim, do qual estamos falando. E, se ela não for uma realidade interior, não poderá exteriorizar-se, como afirmei no princípio deste livro, a partir da poesia de Rubem Alves.

Assim como o "Reino de Deus" está misteriosamente presente em cada um de nós, o jardim também é uma realidade misteriosa presente em cada ser humano. Não é um jardim secreto, mas misterioso, que pode ser acessado, desejado, cultivado e conhecido.

---

1. SANTO TOMÁS DE AQUINO, op. cit., 176.

E a chave de acesso para o jardim é paz interior, adquirida e vivenciada pela prática das bem-aventuranças. Esse é o caminho de vida espiritual proposto pelo Evangelho e pronunciado por Jesus como caminho de perfeição e santidade.

Mas a paz, além destes dois aspectos, possui implicações sociais, que traduzem a prática concreta dessa bem-aventurança. O Papa Francisco, em sua Carta Encíclica *Fratelli Tutti*, sobre a fraternidade e a amizade social, afirma que existe uma "arquitetura" da paz, na qual intervêm as várias instituições da sociedade, cada uma dentro de sua competência, mas há também um "artesanato" da paz, que envolve a todos[2].

Entrementes, a paz é fruto de um processo pessoal e comunitário, que de forma artesanal compõe uma arquitetura alicerçada na justiça, pois a paz é fruto da justiça (cf. Is 32,17). Em outras palavras, um reto exercício da misericórdia é gerador de paz, pois elimina as situações geradoras de conflitos, divisões e guerras.

---

2. Cf. Papa Francisco, *Carta Encíclica Fratelli tutti. Sobre a fraternidade e a amizade social*, São Paulo, Paulus, 2020, 120.

O Papa Francisco também estabeleceu um critério de discernimento para a paz que deve sempre ser levado em consideração: "A unidade é superior ao conflito"[3]. Essa sentença valoriza as diferenças e as alteridades e procura integrá-las no exercício da comunhão, pois Deus é comunhão, é a comunhão que evangeliza, e fora dela não há salvação.

Diante dessa bem-aventurança, podemos concluir que ela possui um duplo e simultâneo significado, pois a paz vem de dentro para fora e se revela nas ações concretas do ser humano. Ela implica necessariamente abertura ao próximo através da caridade e da justiça e, por isso, pressupõe o exercício das demais bem-aventuranças.

A paz não é resultado da força, não se consegue com a violência. Também não se edifica nas razões que a nossa ciência inventou. A paz é sempre graça. Só emerge ali onde os homens quebram a espiral dos desejos, a exigência do domínio de uns sobre os outros, e começam a exprimir a vida como um

---

3. Id., *Exortação Apostólica Gaudate et exsultate*, op. cit., 46.

dom que acolhem, explicitam e oferecem. Só desta forma se constrói a cidade dos filhos de Deus; nela habita o próprio Pai que é amor próximo e garantia de existência[4].

---

4. Pikaza, op. cit., 348.

10

"BEM-AVENTURADOS OS PERSEGUIDOS POR CAUSA DA JUSTIÇA, POIS DELES É O REINO DOS CÉUS"

Os que praticam a justiça são bem-aventurados, e os que são perseguidos por causa dela também o são. É uma graduação no caminho das bem-aventuranças, uma implicação lógica do Evangelho, que foi levado até as últimas consequências. Daí procede o fundamento da dimensão da cruz, que não é um episódio isolado da vida do Mestre, mas o ápice da sua missão, que de forma consequente e coerente encarnou as bem-aventuranças.

A perseguição nunca tem motivos suficientes; ela é sempre uma arbitrariedade e um abuso do poder, da autoridade ou do descontrole mental. Há perseguições por razão de segurança nacional, por medo do terrorismo, por motivos religiosos, paixões e desafetos. A bem-aventurança, no entanto, aplica-se aos perseguidos por causa da justiça, aos que encarnam o conjunto de princípios da verdade e por ela dão a vida; ela se aplica aos que conheceram Jesus (o Nome) e praticam a sua Palavra (Mt 7,21)[1].

O Papa Francisco recorda-nos que, quando o Novo Testamento fala sobre os sofrimentos que devemos suportar por causa do Evangelho, refere-se diretamente às perseguições (cf. At 5,41; Fl 1,29; Cl 1,24; 2Tm 1,12; 1Pd 2,20; 4,14-16; Ap 2,10)[2]. Essa é a marca indelével

---

1. MAZZAROLO, op. cit., 47.
2. Cf. PAPA FRANCISCO, *Exortação Apostólica Gaudete et exsultate*, op. cit., 47.

do Evangelho: a justiça, que se revela em toda a *Sequela Christi*, pois ela autentica o caminho do discipulado missionário como um caminho profético.

Os profetas no Antigo Testamento foram perseguidos por causa da justiça, e, por isso, podemos afirmar que foram bem-aventurados (cf. Am 8,4-10; Mq 2,6–3,4; Is 5,8-20; 10,1-3). Nessa bem-aventurança vemos ressoar toda a Tradição profética e legal através da síntese de Jesus, que traduz para todos os homens, de todos os tempos, a vontade salvífica de Deus, que quer que todos se salvem e cheguem ao conhecimento da verdade (cf. 1Tm 2,4).

Entretanto, é necessário aceitar a Boa-Nova da salvação, por meio da adesão livre à fé. E, para aqueles que aceitaram o Evangelho, este tornou-se salvação, mas há muitos que o rejeitam, e, para esses, tornou-se condenação (cf. Jo 3,18). Abraçar a fé em Cristo, segundo Paulo, é um ato de justiça, e as obras da fé são, portanto, obras de justiça.

Sendo assim, a justiça se revela através das ações relacionadas à fé. É um modo de vida segundo o Evangelho, que exige coerência e testemunho. Esse modo de vida pressupõe as bem-aventuranças. Em resumo, a prática das bem-aventuranças revela a justiça no Reino presentificada na história e na vida dos crentes. Por isso, a "justiça" é o elo de todas as bem-aventuranças.

Santo Agostinho, ao comentar essa bem-aventurança, relaciona-a com as demais e evidencia sua ligação com os sete dons do Espírito Santo. Vejamos, pois:

> Devemos prestar grande atenção ao número destas sentenças. Nestes sete graus convém observar a obra septiforme do Espírito Santo descrita por Isaías (Is 11). Mas aquele começa pelo mais alto e este pelo mais baixo, porque ali se ensina que o Filho de Deus baixará ao mais humilde; aqui, o homem, do mais baixo, se elevará até à semelhança de Deus. Aí, vem em primeiro lugar o temor, que convém aos homens humildes, de quem diz: *Bem-aventurados os pobres de espírito*, isto é, não os que sabem as coisas elevadas, mas os que temem. A segunda coisa é a piedade, que convém aos mansos, porque aqueles que buscam piedosamente esta honra não repreendem, não resistem, o que significa fazer-se manso. A terceira é a ciência, que convém aos que choram, aos que aprenderam por que males foram oprimidos, deste modo pedindo o bem. A quarta é a fortaleza, que convém aos que têm fome e sede, porque, desejando a alegria, sofrem pelos

verdadeiros bens, desejando separar-se dos bens terrenos. A quinta é o conselho e convém aos misericordiosos, porque é o único remédio para livrar-se de tantos males, perdoar a uns e dar a outros. A sexta é o entendimento e convém aos puros de coração, os quais, uma vez limpos os olhos, podem ver o que os olhos não viram. A sétima é a sabedoria, que convém aos pacíficos, nos quais nenhum movimento é rebelde, mas todos obedecem ao espírito. O único prêmio, que é o reino dos céus, é designado de várias maneiras. Em primeiro lugar (como era oportuno), está colocado o reino dos céus, que é o princípio da sabedoria perfeita. Como se dissesse: "O temor do Senhor é o princípio da sabedoria" (Sl 110,10). Aos mansos se concede a herança no reino dos céus como testamento de um pai aos que o buscam com piedade. Aos que choram é oferecido o consolo como conhecimento do que perderam e das coisas em que tomaram parte. Aos que têm fome é oferecida a saciedade, como alívio aos que trabalham em direção à salvação. Aos misericordiosos é oferecida a misericórdia, como também aos que se servem do melhor conselho, para que aquilo de que deram prova lhes seja concedido. Aos puros de coração, a capacidade de ver a Deus como os que têm olhos limpos para entender as coisas eternas. E aos pacíficos é concedida a semelhança a Deus. Todas essas coisas podem cumprir-se nesta vida, assim como cremos que se cumpriram com os apóstolos, porque aquilo que é prometido para depois desta vida não se pode explicar com palavras[3].

Enfim, podemos afirmar que essa bem-aventurança é a mais exigida e, ao mesmo tempo, a mais exigente em nossos tempos, pois atualmente existem no mundo cerca de 360 milhões de cristãos perseguidos por causa da sua fé[4]. O cristianismo hoje é muito mais perseguido do que nas suas origens, e a intolerância religiosa cresce dramaticamente em um mundo cada vez mais marcado por guerras, conflitos e divisões.

---

3. Santo Tomás de Aquino, op. cit., 178-179.
4. Cf. Vatican News, *Relatório Portas Abertas 2022. Mais de 360 milhões de cristãos perseguidos em todo o mundo*, 16 jun. 2022, disponível em: <https://www.vaticannews.va/pt/igreja/news/2022-06/perseguicao-cristaos-relatorio-portas-abertas-2022.html>, acesso em: 03/09/2023.

11

"BEM-AVENTURADOS SOIS VÓS, QUANDO VOS INJURIAREM E PERSEGUIREM E, MENTINDO, DISSEREM TODO MAL CONTRA VÓS POR CAUSA DE MIM. ALEGRAI-VOS E EXULTAI, PORQUE GRANDE É A VOSSA RECOMPENSA NOS CÉUS; POIS DESTE MODO PERSEGUIRAM OS PROFETAS QUE VOS PRECEDERAM"

Essa última bem-aventurança da lista de Mateus, que em uma contagem direta se apresenta como a nona, é na verdade um desdobramento da oitava. Trata-se de uma descrição detalhada das situações e ocasiões que caracterizam as perseguições por causa da fé em Cristo. A ênfase na alegria e na exultação é um reforço da ideia da bem-aventurança.

O Papa Francisco comenta, a respeito, que essa bem-aventurança não se aplica àqueles que são perseguidos por um modo errado de tratar os outros, mas àqueles que sofrem perseguições inevitáveis[1]. E acrescenta: "Um santo não é uma pessoa excêntrica, distante, que se torna insuportável pela sua vaidade, negativismo, ressentimento. Não eram assim os Apóstolos de Cristo". O livro dos Atos dos Apóstolos refere, com insistência, que eles gozavam da simpatia de "todo o povo" (2,47; cf. 4,21.33; 5,13), enquanto algumas autoridades os assediavam e perseguiam (cf. 4,1-3; 5,17-18)[2].

Outra marca indelével das bem-aventuranças é, pois, a alegria! O Evangelho de Jesus traz alegria, pois

---

1. Cf. PAPA FRANCISCO, *Exortação Apostólica Gaudete et exsultate*, op. cit., 47.
2. Cf. ibid.

não se trata de um anúncio de morte, mas de vida, e "vida em abundância" (Jo 10,10). Por isso, mesmo em meio às perseguições e aos sofrimentos por causa de Cristo e do seu Evangelho, a alegria é transbordante.

Recordemos que, no início de seu pontificado, o Papa Francisco nos apresentou a *Alegria do Evangelho* como uma referência primária para todo o caminho de discípulo missionário na Igreja. A alegria caracteriza e credibiliza o anúncio do Evangelho e revela sua plenitude e beleza.

A Alegria do Evangelho enche o coração e a vida inteira daqueles que se encontram com Jesus. Quantos se deixam salvar por Ele são libertados do pecado, da tristeza, do vazio interior, do isolamento. Com Jesus Cristo, renasce sem cessar a alegria. Quero, com esta Exortação, dirigir-me aos fiéis cristãos a fim de os convidar para uma nova etapa evangelizadora marcada por esta alegria e indicar caminhos para o percurso da Igreja nos próximos anos[3].

---

3. PAPA FRANCISCO, *Exortação Apostólica Evangelii gaudium*. *A alegria do Evangelho*, São Paulo, Paulus/Loyola, 2013, n. 1, disponível em: https://www.vatican.va/content/francesco/

Quem faz a experiência do cultivo e do cuidado do jardim surpreende-se sempre e não se detém na tristeza e na dor, pois o jardim nos ensina que tudo tem o seu tempo e a sua beleza, e que cada cultivo é importante. Portanto, a alegria é o sinal de quem encontrou o próprio jardim e sonha com ele; é o lugar do sentido e do significado que ilumina a existência humana e congrega na comunhão universal o Criador, a criação e todas as criaturas.

---

pt/apost_exhortations/documents/papa-francesco_esortazione-ap_20131124_evangelii-gaudium.html, acesso em: 14 mar. 2025.

12

UMA BEM-AVENTURANÇA QUE NASCE DO JARDIM

O filósofo sul-coreano Byung-Chul Han relata, no seu livro *Louvor à terra*, a própria experiência edificante com o cuidado e o cultivo do seu jardim. Ele empreendeu essa tarefa por três anos e fez inúmeras descobertas que iluminaram o seu entendimento e enriqueceram sua humanidade.

Do jardim da sua casa, ele é transportado para o seu jardim interior, o lugar da beleza e da plenitude, que nos remete ao Criador e a toda a sua obra criadora e criativa. É uma experiência redentora que ele realiza nessa tarefa, trabalhando coisas dentro e fora de si.

> O trabalho de jardinagem era, para mim, uma meditação silenciosa, um demorar-se no silêncio. Ele permitia ao tempo se demorar e exalar. Quanto mais trabalhava no jardim, mais respeito tinha diante da Terra, de sua beleza encantadora. Nesse meio tempo, fiquei profundamente convencido de que a Terra é uma criação divina. O jardim me levou a essa convicção, sim, à compreensão que se tornou para mim agora uma certeza, que adquiriu um caráter de evidência. Evidência significa, originalmente, ver. E eu vi[1].

É uma experiência concreta que o fez recordar de suas origens e de sua ancestralidade, em uma busca por sentido e significado que reorientou a sua caminhada. Essa verdadeira "conexão" com o real emergiu como

---

1. HAN, BYUNG-CHUL, *Louvor à Terra. Uma viagem ao jardim*, trad. Lucas Machado, Petrópolis-RJ, Vozes, 2021, 10.

resposta para os problemas e as situações causados pela experiência virtual, cada vez mais latente e emergente entre nós.

Essa volta ao jardim não é sem razão, mas trata-se de um chamamento divino a que precisamos atender nestes tempos de devastação e degradação da natureza e dos seus recursos. Precisamos voltar ao jardim antes que seja tarde demais!

A experiência do jardim vai nos curar das nossas experiências desagregadoras da virtualidade, que estão nos despersonalizando e nos descaracterizando. Só o contato com a Criação (jardim) vai nos trazer de volta a paz, a harmonia e o equilíbrio verdadeiramente humanos.

Por isso, bem-aventurados os que escutam a voz do Criador para viverem a experiência redentora de retornar ao jardim, lugar de vida, beleza, harmonia, equilíbrio, cuidado e cultivo; lugar da redenção do gênero humano, pois foi no *Getsêmani*, no Jardim das Oliveiras, que Jesus se entregou livremente por amor a cada um de nós.

Esse "jardim" é um lugar teológico que pressupõe nossa casa comum, nossas relações e relacionamentos com o Criador, com a criação e suas criaturas.

Esse "jardim" é o lugar da tessitura da vida na sua trama complexa, em que o Redentor situa-se no centro, reordenando e reequilibrando a vida circunstante.

Voltar ao jardim, portanto, é um ato de fé, uma iniciativa livre que responde ao chamado de Deus à santidade em nosso tempo, percorrendo os caminhos das bem-aventuranças. Essa proposta é conforme às preocupações do Pontificado do Papa Francisco, que desde o início manifestou a sua preocupação com a casa comum, destacando a importância de uma ecologia integral[2].

Byung-Chul Han nos apresenta o desafio dos nossos tempos a partir de sua singular experiência, que exige a sensibilidade e a resposta de cada pessoa individualmente. Daqui podemos inferir que a verdadeira mudança começa de dentro para fora, isto é, do interior de cada coração iluminado por essa verdade. Somente dessa mudança de mentalidade poderá brotar uma resposta coletiva, capaz de atender às necessidades e aos sofrimentos da criação e de todas as suas criaturas, inclusive humanas.

---

2. Cf. PAPA FRANCISCO, *Carta Encíclica Laudato si'. Sobre o cuidado da casa comum*, São Paulo, Paulinas, ¹2015.

O demorar-se no jardim florescente me fez de novo devoto. Eu acredito que houve e que haverá o jardim do Éden. Eu acredito em Deus, no criador, nesse jogador, que começa sempre de novo e, assim, renova tudo. Também o ser humano, como sua criação, tem a obrigação de jogar junto [com ele]. O trabalho ou o desempenho destrói o jogo. Ele é um fazer cego, nu, sem fala[3].

Quando o Papa Francisco escreveu sua Carta Encíclica *Laudato si'*, isto é, "Louvado sejas", ele partiu do princípio do louvor, que São Francisco expressava através do seu contato singular com a natureza: "Louvado sejas, meu Senhor, pela nossa irmã, a mãe terra, que nos sustenta e governa, e produz variados frutos com flores coloridas e verduras"[4].

São Francisco era um homem do jardim que descobriu na criação de Deus, bem como em suas criaturas, o acesso de volta ao paraíso. Curiosamente a palavra "paraíso" provém de *parádeisos*, com que a tradução grega da Bíblia, nos séculos III/II a.C., traduziu

---

3. HAN, op. cit., 10-11.
4. PAPA FRANCISCO, *Carta Encíclica Laudato si'*, op. cit., 3.

o estrangeirismo *pardes*, proveniente do persa, usado para indicar um espaço cercado[5].

Pois bem, esse "espaço cercado" é o espaço da relação com Deus, que envolve toda a criação e suas criaturas. Trata-se de uma atitude contemplativa, que nos faz debruçar sobre o livro da vida, primeiro livro da Revelação de Deus. Tanto o Papa Francisco como o filósofo sul-coreano Han partem da atitude de louvor que nasce justamente da contemplação.

> Preservar exige louvar. As seguintes linhas são hinos, cânticos à Terra. Este louvor à Terra deve soar como uma bela canção da Terra. Para alguns, porém, ele deve ser lido como uma má notícia [*Hiobsbotschaft*], em vista das intensas catástrofes da natureza que nos assolam hoje. Elas são a resposta furiosa da Terra à falta de consideração e à violência humanas. Perdemos a veneração pela Terra. Não a escutamos nem a ouvimos mais[6].

---

5. Cf. Krauss; Kuchler, op. cit., 83-84.
6. Han, op. cit., 12.

Denis Edwards afirma que a experiência da natureza conduz ao mistério em muitos níveis[7]. Por isso, o filósofo sul-coreano, a partir da experiência de cuidado e de cultivo do próprio jardim, pôde renovar a sua fé no Deus criador, que redime e santifica a partir de uma relação integradora com a vida em toda a sua complexidade.

Esse é o grande chamamento de Deus para o nosso tempo. E bem-aventurado aquele que responder generosamente a ele, pois disso depende a nossa salvação, não só em uma perspectiva escatológica, mas também planetária.

Em outras palavras, tudo está interligado, pois nas obras de Deus não há divisões; ele cria salvando e salva criando. Desse modo, precisamos nos reencontrar como humanidade em meio a nossa crise civilizatória, no horizonte da criação, nossa casa comum. Só herdará o jardim definitivo quem o cultivar e o guardar materialmente, pois o espírito é a perfeição da matéria, como afirmava Teilhard de Chardin.

Essa é uma jornada interior, pois, se não for, não poderá exteriorizar-se. Precisamos descobrir o "meio

---

7. Cf. EDWARDS, DENIS, *Sopro de vida. Uma teologia do Espírito Criador*, trad. Luís Carlos Borges, São Paulo, Loyola, 2007, 189.

divino" que somos cada um de nós. E, a partir dessa descoberta, redescobrir o meio exterior que nos cerca. É um caminho místico espiritual que deve ser empreendido à luz das bem-aventuranças, para obtermos não apenas a salvação individual, mas também a salvação plena, pois toda a criação foi sujeita à vaidade, não por seu querer, mas por dependência daquele que a sujeitou, na esperança de que a própria criação seja libertada da escravidão da corrupção, em vista da liberdade da glória dos filhos de Deus (cf. Rm 8,20-21).

> O Reino de Deus está dentro de nós mesmos. Quando o Cristo aparecer sobre as nuvens, ele somente manifestará uma metamorfose lentamente acabada, sob sua influência, no coração da massa humana. Apliquemo-nos, portanto, para apressar a sua vinda, a compreender melhor o processo, segundo o qual nasce e se desenvolve em nós a santa presença. A fim de favorecer mais inteligentemente os progressos, observemos em nós mesmos o nascimento e o desenvolvimento do Meio Divino[8].

---

8. CHARDIN, PIERRE TEILHARD DE, *O meio divino*, trad. Celso Márcio Teixeira, Petrópolis-RJ, Vozes, ²2014, 102.

CONCLUSÃO

Muitas pessoas, na sua busca pela verdade ao longo da história, através das ciências e da arte, chegaram a Deus. Santo Agostinho, por sua vez, em meio aos grandes discursos da oratória de seu tempo, foi capaz de intuir a verdade no encontro com a Palavra de Deus, proclamada por Santo Ambrósio em seus sermões na catedral de Milão.

Essa iluminação divina, presente em todo ser humano *Imago Dei*, nos faz perceber a necessidade integradora com a vida em toda a sua singularidade. A sociedade pós-moderna, altamente virtualizada, nos subtrai da relação vital com o Criador e com sua criação e criaturas.

A experiência de saída do jardim desde os nossos primeiros pais acarretou numa separação, que se revelou em um dramático afastamento de Deus ao longo da história. Por isso, urge a necessidade de voltarmos ao equilíbrio do jardim, onde a lei divina era a regente de uma sinfonia de vida e beleza.

Sem os critérios do divino Criador, desvirtua-se a criação e se degeneram suas criaturas, inclusive humanas. Precisamos reencontrar o espaço da relação (jardim) por meio dos critérios do divino jardineiro, isto é, as bem-aventuranças[1]. Essa volta às origens é

---

1. "Finalmente, as nove bem-aventuranças do Evangelho de Mateus querem mostrar como o agir e o comportar-se divinos em favor do ser humano, aqui e agora, conseguem expressar-se. Elas são dirigidas àqueles que, sob as circunstâncias de uma existência terreno-mundana, encontram-se no caminho para Deus. Elas descrevem o verdadeiro cristão, mas tacitamente exigem também o esforço efetivo em busca da prometida comunhão com Deus. Elas são a um tempo alegre boa-nova e indicadoras de caminho" (ZEILINGER, FRANZ, *Entre o céu e a terra*.

um caminho interior que pressupõe uma relação vital com a vida circunstante.

Desta vez o tempo não é nosso aliado; o aquecimento global e as catástrofes climáticas decorrentes dessa crise antrópica geram milhares de vítimas e de prejuízos por todo o mundo. Ou nos empenhamos nesse caminho de vida e conversão para um novo estilo de vida à luz da fé, ou podemos deixar de existir!

Para muitos pode ser uma escolha difícil, todavia necessária, para uma reação, antes que seja tarde demais... O relógio da Terra não está a nosso favor, e o tempo tornou-se nosso juiz e adversário.

A nossa resposta cristã só pode se dar à luz da fé, nos levando a uma comunhão integral e integradora com todo o cosmos. A Tradição cristã possui muitos tesouros que nos ajudam nessa tarefa, pois a sua validade e suas riquezas são perenes.

O pontificado do Papa Francisco, em mais de uma década, tem apresentado a necessidade de uma ecologia integral, porque nossa "casa comum" tem sido motivo de grande preocupação, e o nosso relacionamento

---

Comentário do Sermão da Montanha [Mt 5–7], trad. Paulo F. Valério, São Paulo, Paulinas, 2008, 45).

com a vida circunstante, uma verdadeira questão de fé[2]. Por isso, urge a necessidade da prática das bem-aventuranças no cuidado da casa comum. Cuidar e cultivar o jardim, nossa casa comum, eis aí a vocação original e originária de todo ser humano.

---

2. "A cosmovisão judaico-cristã defende o valor peculiar e central do ser humano no meio do maravilhoso concerto de todos os seres, mas hoje somos obrigados a reconhecer que só é possível defender um 'antropocentrismo situado', ou seja, reconhecer que a vida humana não pode ser compreendida nem sustentada sem as outras criaturas. De fato, 'nós e todos os seres do Universo, sendo criados pelo mesmo Pai, estamos unidos por laços invisíveis e formamos uma espécie de família universal, uma comunhão sublime que nos impele a um respeito sagrado, amoroso e humilde' (LS, n. 89)" (PAPA FRANCISCO, *Exortação Apostólica Laudate Deum. Sobre a crise climática*, São Paulo, Paulus, 2023, 28).

BIBLIOGRAFIA

BENTO XVI. Carta Encíclica *Spe salvi. Sobre a esperança cristã*. São Paulo: Paulus/Loyola, 2007.

_____. Carta Encíclica *Caritas in Veritate. Sobre o desenvolvimento humano integral*. Brasília: Edições CNBB, [1]2009.

BÍBLIA SAGRADA. Tradução oficial da CNBB. Brasília-DF: Edições CNBB, [1]2018.

CHARDIN, Pierre Teilhard de. *O meio divino*. Trad. Celso Márcio Teixeira. Petrópolis-RJ: Vozes, [2]2014.

EDWARDS, Denis. *Sopro de vida. Uma teologia do Espírito Criador*. Trad. Luís Carlos Borges. São Paulo: Loyola, 2007.

HAN, Byung-Chul. *Louvor à Terra. Uma viagem ao jardim*. Trad. Lucas Machado. Petrópolis-RJ: Vozes, 2021.

KASPER, Walter. A misericórdia. *Condição fundamental do Evangelho e chave da vida cristã*. Trad. Beatriz Gomes. São Paulo: Loyola; Portugal: Princípio, 2015.

KONINGS, Johan, SJ. *Liturgia Dominical. Mistério de Cristo e formação dos fiéis (anos A-B-C)*. Petrópolis-RJ: Vozes, [4]2009.

KRAUSS, Heinrich; KÜCHLER, MAX. *As origens. Um estudo de Gênesis I–II*. Trad. Paulo F. Valério. São Paulo: Paulinas, 2007.

Lecionário Patrístico Dominical. Trad. Fernando José Bondan. Petrópolis-RJ: Vozes, [2]2016.

MAZZAROLO, Isidoro. *As 55 bem-aventuranças do Novo Testamento. Impactos sociológicos, jurídicos, econômicos e teológicos – Exegese e hermenêutica*. São Paulo: Paulus, 2023.

PAPA FRANCISCO. *Exortação Apostólica Evangelii gaudium. A alegria do Evangelho*. São Paulo: Paulus/Loyola, 2013.

_____. *Carta Encíclica Laudato si'*. *Sobre o cuidado da casa comum*. São Paulo: Paulinas, 2015.

_____. *Exortação Apostólica Gaudate et exsultate*. São Paulo: Paulus, 2018.

_____. *Carta Encíclica Fratelli tutti*. *Sobre a fraternidade e a amizade social*. São Paulo: Paulus, 2020.

_____. *Exortação Apostólica Laudate Deum*. *Sobre a crise climática*. São Paulo: Paulus, 2023.

PIKAZA, Xabier. *Anunciar a liberdade aos cativos. Palavra de Deus e catequese*. Trad. Luiz João Gaio. São Paulo: Loyola, 1985.

SANTO AGOSTINHO. *O sermão da montanha*. Trad. Frei Ary E. Pintarelli. Petrópolis-RJ: Vozes, 2023.

SANTO TOMÁS DE AQUINO. *Catena Aurea. Exposição contínua sobre os evangelhos*. Campinas-SP: Ecclesiae, 2018, v.1: Evangelho de São Mateus.

VATICAN NEWS. *Relatório Portas Abertas 2022. Mais de 360 milhões de cristãos perseguidos em todo o mundo*. 16 jun. 2022. Disponível em: <https://www.vaticannews.va/pt/igreja/news/2022-06/perseguicao-cristaos-relatorio-portas-abertas-2022.html>. Acesso em: 03/09/2023.

ZEILINGER, Franz. *Entre o céu e a terra. Comentário ao Sermão da Montanha (Mt 5–7)*. Trad. Paulo F. Valério. São Paulo: Paulinas, 2008.

Edições Loyola

editoração impressão acabamento

Rua 1822 n° 341 – Ipiranga
04216-000 São Paulo, SP
T 55 11 3385 8500/8501, 2063 4275
www.loyola.com.br